Ratgeber über

Burnout überwinden!

Burnout - warum wir unsere Kraft verlieren und wie wir wieder zu uns zurückfinden

Was bedeutet "Burnout"?

Jeder hat schon mal davon gehört, vom Burnout, der Krankheit von der man lieber spricht, als von der Depression, vom Ausgebranntsein, das Menschen gerne nennen, wenn sie als heldenhafte Workaholics angesehen werden möchten, sich für die Firma aufgeopfert haben und nun völlig erschöpft sind. Ist was dran an diesen landläufigen Vorurteilen?

"*Burnout*" oder auch "*Burnout-Syndrom*" genannt, bezeichnet einen Zustand der völligen Erschöpfung auf geistiger, körperlicher und emotionaler Ebene. Die betroffenen Menschen fühlen sich "ausgebrannt" (Engl."to burn" out = ausbrennen), leer und energielos, "die Batterie ist leer". Ihnen fehlt der Antrieb, die Lebensfreude, alles wird zunehmend als anstrengend empfunden, sogar das Aufstehen am Morgen wird zur Qual. Zunächst fehlt die Energie für zusätzliche Aktionen wie " ein Kinobesuch", oder "mit den Kindern ins Schwimmbad gehen", später fehlt die Kraft, um den Alltag zu bewältigen. Was früher wie selbstverständlich von der Hand ging, wird zur unlösbar schweren Aufgabe. Das Gefühl nichts mehr zu schaffen, alles wächst einem über den Kopf macht sich breit und die Abwärtsspirale dreht sich unaufhörlich weiter,

wenn nichts dagegen unternommen wird.
Ein normales Leben zu führen, ist in der vollen
Ausprägung des Burnout-Syndroms nicht mehr möglich.
Die Betroffenen fühlen sich ohnmächtig, um dagegen
anzukämpfen, denn es fehlt ihnen jegliche Energie, um
Veränderungen in die Wege zu leiten.

Doch das Tröstliche: Niemand ist diesem Zustand hilflos
ausgeliefert und muss ihn aushalten, es gibt viele Wege um
aus diesem Tief herauszukommen! Die Erkenntnis, dass
überhaupt ein Problem besteht, ist schon mal ein ganz
wichtiger Schritt in die richtige Richtung. Bitten Sie um
Hilfe und nehmen Sie Hilfsangebote an, ein Burnout kann
nicht alleine bewältigt werden.

Wer ist gefährdet?

Burnout kann unter gewissen Umständen jeden treffen.
Gefährdet sind alle Menschen, die längere Zeit über die
eigenen Kräfte leben, deren Stresslevel dauerhaft zu hoch
ist und die bestimmte charakterliche Eigenschaften in sich
tragen, die das Risiko für eine Burnout-Erkrankung
erhöhen (wie Perfektionismus, hohe Leistungsbereitschaft,
starkes Harmoniebedürfnis und so weiter). Es kann
Krankenschwestern, Ärzte, Manager, Mütter, aber auch
Studenten und sogar Schüler treffen. Auch Mütter sind
verstärkt betroffen, ihr Einsatz an 24 Stunden 7 Tage die
Woche, oft fremdbestimmt, isoliert und mit wenig Zeit für
sich selbst, sind zunehmend betroffen. Besonders die
Doppelbelastung der Frau durch Familie und Beruf kann in
ein Burnout führen.
Auch eine genetische Vorbelastung kann eine Rolle spielen.
Die einzelnen Risikofaktoren für eine Burnout-Erkrankung
sehen wir uns später noch genauer an.

Ein paar interessante Fakten

Noch immer wird das Burnout-Syndrom von vielen als typische "Managerkrankheit" angesehen oder nur auf bestimmte Berufsgruppen wie die sozialen Berufe, oder den Lehrberuf reduziert. Das ist jedoch falsch.

Es gibt zwar Berufe, in denen mehr "Burnout-Opfer" zu beklagen sind, als in anderen, aber auch Hausfrauen, pflegende Angehörige und sogar Kinder sind Burnout-gefährdet, wenn sie über längere Zeit hohem Stress ausgesetzt sind und gewisse konstitutionelle Bedingungen erfüllen.
Psychische Erkrankungen stehen mittlerweile mit 16.7% der wichtigsten 10 Krankheitsarten, an zweiter Stelle - nach Erkrankungen des Bewegungsapparates (21,8%). Eine alarmierend hohe Zahl, die jährlich Kosten in Milliardenhöhe verursacht durch Arbeitsausfälle, Arztbesuche, Klinikaufenthalte, Therapiestunden und so weiter.
Die Zahl der Burnout-Erkrankungen steigt stetig, genaue Daten liegen jedoch nicht vor, da Burnout nicht als eigenständige Krankheit erfasst ist. Sie erscheint auf keiner Arbeitsunfähigkeitsbescheinigung mit einer eigenen Nummer, sondern wird als "Depression" oder "Schwierigkeiten bei der Lebensbewältigung" deklariert.
Jeder 4.Arbeitnehmer klagt über häufigen oder gar anhaltenden Stress, 35% fühlen sich oft oder sogar immer erschöpft. Innerhalb von 5 Jahren stieg die Zunahme von psychisch bedingten Krankheitsfällen um 20%. Laut einer Studie zur Gesundheit Erwachsener in Deutschland,

diagnostizieren Ärzte bei 4,2 Prozent der Deutschen ein schweres Burn-out-Syndrom. Zahlen, die aufhorchen lassen.

Dämonisierung oder Verharmlosung

Burnout ist heutzutage nahezu jedem ein Begriff. Dennoch ranken sich nach wie vor einige Mythen um die Erkrankung. Während die einen sie dämonisieren - "du wirst in der Psychiatrie enden!" - und die Krankheit schlimmer machen, als sie ohnehin schon ist, verharmlosen andere das Burnout, was fast noch gefährlicher ist, denn Burnout ist unberechenbar und kann im schlimmsten Fall im Suizid enden. Wer mit Burnout in Kontakt gerät, sei es als selbst Betroffener, oder als Angehöriger oder Freund, tut gut daran, sich umfangreich mit dem Thema "Burnout" auseinanderzusetzen.

Sind Sie Burnout-gefährdet?

Möchten Sie wissen, ob Sie gefährdet sind oder bereits am Burnout-Syndrom erkrankt? Mit Hilfe dieser kurzen Selbsteinschätzung können Sie sich einen ersten Überblick über Ihr persönliches Burnout-Risiko verschaffen. Notieren Sie sich bitte die Anzahl der Fragen, die Sie mit "ja" beantwortet haben.

1. Können Sie keine Freude mehr empfinden?
2. Fühlen Sie sich oft erschöpft?
3. Fühlen Sie sich körperlich schlapp?

4. Sind sie weniger interessiert als früher?
5. Hat Ihr Antrieb nachgelassen?
6. Reagieren Sie oft gereizt oder verärgert?
7. Sind Sie schnell überlastet?
8. Leiden Sie unter Schlafproblemen?
9. Haben Sie an Gewicht zu- oder abgenommen?
10. Denken Sie viel nach?
11. Sind Sie häufig erkältet?
12. Sind Sie oft unruhig oder nervös?
13. Leiden Sie unter undefinierten Schmerzen?
14. Denken Sie, dass Ihnen nichts gelingt, dass Sie versagen?
15. Kommt Ihnen vieles sinnlos vor?

Wenn Sie die meisten der Fragen mit "ja" beantwortet haben, sollten Sie einen Arzt, Therapeuten oder entsprechend ausgebildeten Coach aufsuchen und Ihre Situation gründlich abklären lassen. Je früher ein Burnout erkannt wird, umso besser kann man etwas dagegen unternehmen. Scheuen Sie sich nicht, mit Ihren Bedenken zum Arzt zu gehen. Er wird sie Ernst nehmen und verstehen, viele seiner Patienten haben ähnliche Beschwerden.

Als "Klassiker" unter den Burnout-Tests, gilt der "Maslach-Burnout-Inventory", MBI abgekürzt, wurde in den 1980er Jahren entwickelt und war für lange Zeit das einzig vorhandene Kriterium, um eine Burnout-Erkrankung/ -Gefährdung einschätzen zu können. Inzwischen gibt es spezifischere und detailliertere Tests (zum Beispiel für bestimmte Berufsgruppen wie Pflegeberufe), das MBI findet aber nach wie vor Anwendung.

Im MBI-Test werden drei Dimensionen des Burnout-Syndroms untersucht:

- Die emotionale Erschöpfung
- Die Depersonalisierung
- Die reduzierte Leistungsfähigkeit

Auch dieser Test ist nur als erste Einschätzung zu bewerten, eine genaue Diagnose kann nur ein Arzt oder Therapeut stellen.

Was sind die größten Risikofaktoren für eine Burnout-Erkrankung?

Das Burnout-Syndrom erwischt nicht nur Manager oder Chefs. Es kann generell alle Menschen betreffen, die sich über längere Zeit verausgaben, über ihre Kräfte leben oder den Anforderungen, die an sie gestellt werden, dauerhaft nicht standhalten können. Personen, die sich in einer Angelegenheit sehr stark einsetzen und dabei oft die eigenen Grenzen überschreiten, laufen Gefahr in ein Burnout zu rutschen. Menschen, die in pflegenden oder sozialen Berufen arbeiten, haben ein erhöhtes Burnout-Risiko, ebenso wie pflegende Angehörige die sich oftmals über viele Jahre hinaus aufopfern und wenig Zeit für sich selbst aufwenden. Auch Hausfrauen oder Schüler können betroffen sein. Ebenso all jene, die über eine längere Zeitspanne hohem emotionalem Druck ausgesetzt sind, wie es beispielsweise bei Mobbing der Fall ist.
Im Allgemeinen kann man sagen, dass Menschen mit hohen Ansprüchen an sich und andere, die mit Idealismus monate- oder jahrelang über ihre Grenzen hinaus leben, Gefahr laufen in eine Burnout-Konstellation zu geraten. Die potentiellen Burnout-Kandidaten möchten anderen helfen und versuchen in ihrer Arbeit alles zu geben. Andererseits belastet es sie zunehmend, dass sie für ihren Einsatz zu wenig Wertschätzung und Bestätigung bekommen. Die Belastung wächst aber auch, weil ihnen durch ihren aufopferungsvollen Einsatz für andere Menschen, Kraft und Zeit für sich selbst fehlen und so die

Kraftreserven immer weiter schwinden. Die Balance zwischen Anspannung und Entspannung ist verloren gegangen.

Ebenfalls gefährdet sind Personen, die sich vorrangig über ihre Arbeitsleistung definieren und andere Lebensbereiche wie Familie, Freunde oder Freizeitbeschäftigung vernachlässigen. Damit fehlt ihnen der notwendige Ausgleich zur Stressbelastung, die "Work-life-balance" ist nicht mehr ausgewogen.

Richten wir an dieser Stelle den Blick in die Schweiz. Die Schweizer gelten als präzise, pünktlich und fleissig, sie arbeiten von früh morgens bis spät abends, so das Klischee. Aber trotzdem wünschen sich 78 Prozent der Schweizer lieber ein ausgewogenes Verhältnis zwischen Arbeit und Freizeit, statt die Karriereleiter bis an die Spitze erklimmen zu wollen. Zu diesem Ergebnis kam das Online-Stellenportal-Unternehmen "JobCloud" im Rahmen einer Arbeitsmarktstudie.

Was ist "Stress" eigentlich?

Betrachten wir einmal das Phänomen Stress genauer. Medizinisch gesehen bewirkt Stress die Aktivierung bestimmter Hirnregionen, was die Ausschüttung von Hormonen und eine verstärkte Muskelanspannung zur Folge hat. Wer gestresst ist, nimmt diese Anspannung oft in Form von Rücken- oder Nackenschmerzen und Bauchschmerzen wahr.

In psychischer Hinsicht bemerkt der Betroffene eine innere Unruhe und Anspannung. Entwicklungsgeschichtlich sind Stressreaktionen sehr wichtig, da sie unsere Reserven mobilisieren, beispielsweise zur Flucht, wenn Gefahr droht.

Wenn diese Stressphasen jedoch zu lange anhalten, leidet unsere Leistungsfähigkeit.
Das wiederum hat zum überwiegend negativen Bild von Stress im Allgemeinen geführt und seine schützende Wirkung mehr und mehr in Vergessenheit geraten lassen.

Man unterscheidet grundsätzlich zwei Arten von Stress, den positiven und den negativen. Der positive schützt uns und treibt uns zu besseren Leistungen an, wie beispielsweise in einer Prüfungssituation, in durch vermehrte Hormonausschüttung bessere Leistungen abgerufen werden können. Ist die Hormonausschüttung jedoch zu hoch, so blockiert sie unsere Denkleistung, der Körper wird auf "Flucht" vorbereitet.

Am Stressgeschehen sind sowohl innere, wie äussere Faktoren beteiligt. Das kann beispielsweise die Arbeitssituation in Kombination mit eigenen Ressourcen sein. Stimmt das Verhältnis zwischen Anforderung und Leistungsfähigkeit nicht, geht die innere Balance verloren und wird als Stress empfunden.

Kurze Stressreaktion wirken sich hauptsächlich auf das Herz-Kreislauf-System aus. Der Puls wird schneller, der Blutdruck steigt, die Durchblutung nimmt zu (roter Kopf). Dauert diese Stresssituation länger an, beginnt sich die Muskulatur zu verspannen. Es kommt zu Schmerzen und Bewegungseinschränkungen, häufig im Nacken- und Rückenbereich.
Ein steifer Nacken in Verbindung mit Kopf- oder Nackenschmerzen kann somit ein erster Hinweis auf ein Zuviel an Stress sein. Die psychischen Symptome werden

hingegen oft nicht so bewusst wahrgenommen. Oft gelingt eine richtige Einschätzung erst rückblickend.
Langanhaltende Stressperioden führen häufig zu Konzentrationsschwierigkeiten, da der gestresste Mensch seinen Fokus auf den Stressauslöser lenkt und seine Aufgaben weniger Aufmerksamkeit erhalten. Dies führt wiederum zu Problemen im Berufsalltag, in Studium oder Schule und so weiter.

Während langanhaltendem Stress, schleicht sich ein undefinierbarer Gefühlszustand ein, den Betroffene häufig als Kombination aus Leere und Anspannung beschreiben. Dies kann durch die Aktivierung bestimmter Hirnregionen begründet sein, medizinisch gesehen gibt es jedoch keine Definition für diesen Zustand.
Die Hormonausschüttung verändert sich. Speziell das Stresshormon Cortison wird unter Belastung ausgeschüttet und sorgt für eine optimale Alarmbereitschaft des Körpers. Der Blutdruck steigt und der Körper stellt vermehrt Energiereserven zur Verfügung und baut weitere auf für die nächsten zu erwartenden Stresssituationen.
Dies erklärt, warum gestresste Menschen in mehr essen und an Gewicht zunehmen. Der Körper meint, er müsse sich für schwierige Zeiten wappnen.
Da der Körper durch die Stresshormone in Alarmbereitschaft ist, stellen sich häufig Schlafprobleme ein, entweder fällt das Einschlafen schwer, oder das Durchschlafen, manchmal auch beides, was von den Betroffenen als sehr belastend empfunden wird. Dieser Schlafmangel kann wiederum in einem Burnout enden.

Welche Symptome deuten auf ein Burnout hin?

Im Allgemeinen kann man sagen, dass das Burnout-Syndrom immer eine Kombination aus körperlicher, geistiger und emotionaler Erschöpfung darstellt. Die Anzeichen für ein Burnout treten auf vier verschiedenen Ebenen auf:

1.Körperliche Symptome

-Herz-Kreislaufstörungen
-Körperliche Erschöpfung
-Ohrensausen
-Schmerzen
-Müdigkeit/ Mattigkeit
-Lustlosigkeit
-Erhöhte Infektanfälligkeit
-Schlafprobleme
-Verdauungsstörungen
-Sexuelle Lustlosigkeit

2. Kognitive/ geistige Symptome

-Konzentrationsstörungen
-mentale Erschöpfung
-verringerte Belastbarkeit
-Entscheidungsschwierigkeiten
-rasche geistige Ermüdung
-Fehlen von Perspektiven

-verstärkte Reizbarkeit
-verringerte Kreativität

3.Emotionale Symptome

-Nervosität
-Angst, Panikgefühle
-Depressive Verstimmungen
-Verlust von Freude
-Mangel an Motivation
-Gefühl von Leere
-Mangelndes Selbstwertgefühl

4.Folgen für Verhalten und Sozialleben

-Zunächst gesteigerte Aktivität
-Später abnehmende Aktivität
-Sozialer Rückzug
-Fehlhandlungen
-Flucht in die Sucht
-Kontaktverluste

Ursachen und Risikofaktoren

Die Gründe warum ein Mensch in eine Burnout-Falle gerät,
sind individuell so verschieden wie wir Menschen auch.
Jeder Einzelne hat unterschiedliche Ziele,
Wertvorstellungen und eine eigene Art, sein Leben zu
führen. Ebenso unterschiedlich sind die
Umweltbedingungen, von denen wir umgeben sind: Die

einen leben in der Großstadt, die anderen auf dem Land, die einen sind Single, die anderen haben Familie und so weiter. Aus diesem Grund kann man nicht alle möglichen inneren und äußeren Faktoren nennen, die einen Einfluss auf unseren Kräftehaushalt haben können.
Sie unterscheiden sich von Mensch zu Mensch. Im Folgenden sehen Sie einige Beispiele.

Damit ein Burnout-Syndrom entstehen kann, spielen immer *innere* (die Persönlichkeit betreffende) und *äußere Faktoren* (von der Umwelt ausgehende) eine Rolle.
Die Schwierigkeit und Gefahr am Burnout ist, dass es sich – ähnlich wie die Alkoholsucht – *langsam und phasenweise* entwickelt.

Oft erst nach Jahren der permanenten Überlastung gelangen die Burnout-Betroffenen in das qualvollste Stadium, in dem man zu nichts mehr in der Lage ist. Völlige Leere und Erschöpfung werfen die Betroffenen komplett aus der Bahn, "der Akku ist leer".
Der Erkrankte versucht möglicherweise noch weiter zu machen wie gewohnt, doch Körper, Psyche und Seele können nicht mehr. Es fehlt die Kraft, nichts geht mehr.
Viele Betroffenen schaffen es nicht mehr morgens aufzustehen, oder eine Treppe hinauf zu steigen. Was man niemals für möglich gehalten hätte, erwischt einen eiskalt.
Doch bis es soweit kommt, vergeht viel Zeit und rückblickend betrachtet ziehen meist auch viele Chance das Ruder herumzureißen, vorüber.
Zum Burnout kommt es, wenn Menschen nicht mehr mit äußerlichem oder innerlichem Druck umgehen können, wenn es kein "Ventil", keinen Ausgleich mehr gibt. Dies kann selbstgemachter Termin- und Leistungsdruck sein, Druck von "oben", oder auch von Mitmenschen wie Partnern, Eltern oder Freunden. Wer ständig versucht zu

leisten was er nicht kann, oder zu sein wer er nicht ist, wird krank werden.
Die Betroffenen fühlen sich gehetzt, gestresst und haben das Problem, nicht allen Anforderungen gerecht zu werden. Eine belastende Situation, die andere Lebensbereiche blockiert.

Sie fühlen sich immer *fremdbestimmter*, und glauben das eigene Tun und die eigene Zeiteinteilung nicht mehr kontrollieren zu können. Sie funktionieren nur noch und haben das Gefühl, im Hamsterrad zu laufen, immer weiter und weiter, ohne vom Fleck zu kommen. Die Unzufriedenheit wächst und die Betroffenen sehen meist keinen Ausweg aus ihren Problemen.
Es stellt sich ein Gefühl des "Ausgeliefertseins" ein, sowohl anderen Menschen gegenüber, als auch hinsichtlich den angenommenen oder tatsächlichen Zwängen. Ohnmachtsgefühle, Unsicherheit und Ängste können sich ihren Weg bahnen und die Biochemie des Gehirnstoffwechsels so sehr negativ beeinflussen, dass es zu Angststörungen, Depressionen oder sonstigen psychischen Beschwerden kommen kann.

Objektiv betrachtet gibt es aber auch Situationen im Leben, die so belastend und schwer zu ertragen sind, dass nur wenige Menschen sie ohne gesundheitliche Einbußen überstehen. Beispielsweise kann die Pflege von Angehörigen neben Beruf und Familie einen Menschen an die Grenzen der Belastbarkeit bringen, eine eigene schwerwiegende Erkrankung, oder ein Todesfall. Auch sehr stabile, robuste Personen stoßen in solchen Situationen an ihr Limit. Gefährlich ist vor allem die Kombination aus einer Reihe von überlastenden Faktoren, die bis zur totalen Erschöpfung der eigenen Ressourcen führen kann.

Burnout: Erkennen, verhindern, überwinden. Die eigenen Emotionen steuern lernen. Wie neueste Erkenntnisse helfen

Innere Aspekte

Interne Faktoren können *Eigenschaften*, oder *Ereignisse* sein, die in einer Person *veranlagt* sind, oder *auf ihr Lebens Einfluss nehmen*. *Genetische Vorbelastungen*, das heißt wenn innerhalb der Herkunftsfamilie bereits Fälle psychischer Erkrankungen aufgetreten sind, erhöht sich das eigene Risiko an einer psychischen Störung zu erkranken. Einschneidende Erlebnisse wie Traumata in der Kindheit, Verluste durch Trennung oder Tod, können zur Entwicklung von Depressionen oder dem Burnout-Syndrom beitragen. Die prägenden Daten werden wie auf einer Festplatte in unserem Gehirn abgespeichert und dann kann es zu Fehlern oder "Abstürzen im System" kommen.

Schwere Erkrankung können auch zu einer Depression oder dem Burnout führen, vor allem wenn sie langfristig bestehen und wenig Aussicht auf Heilung besteht. *Bestimmte Charaktereigenschaften* zählen ebenfalls zu den wichtigen inneren Faktoren, weil sie das größte Potential für eine Änderung und schlussendlich Besserung bieten. Charakterzüge, die einen Einfluss auf die Entstehung eines Burnouts haben können, sind beispielsweise Perfektionismus, stark ausgeprägter Ehrgeiz und Idealismus, das Unvermögen "nein" sagen zu können, das Helfersyndrom, es jedem recht machen wollen, ein starkes Bedürfnis nach Anerkennung, negatives Denken oder Schwarzmalerei.

Besonders schwierig und riskant ist es, *wenn das Selbstbild einer Person hauptsächlich aus einer einzigen Rolle besteht, beispielsweise der Funktion als "Chef", und wenn von dieser Rolle die gesamte Bestätigung und Anerkennung die der Mensch braucht, abhängig ist.* Das beinhaltet ein unverhältnismäßig großes Risiko, dass Ziele unrealistisch hoch gesteckt werden und man zwangsläufig Enttäuschungen und Rückschläge erlebt. Der Ausgleich durch andere Bereiche fehlt, so dass ein Fehlschlag in dieser einen Rolle einer In-Frage-Stellung des ganzen Menschen entspricht. Dies kann eine schwere Identitätskrise auslösen und im Burnout enden.

Die *innere Widerstandskraft* (Resilienz) spielt ebenfalls eine wesentliche Rolle, da sie Burnout-Tendenzen, oder der Entstehung von sonstigen psychischen Leiden, die Stirn bietet, trainierbar ist und aufgebaut werden kann. Bestimmte Stressbewältigungs-Strategien sind erlernbar und hilfreich, um Stress abbauen zu können. Fehlt es hingegen an solchen ausgleichenden Strategien im Umgang mit Stress, so kann man das als weiteren Risikofaktor auf der Zielgeraden ins Burnout sehen.

Äußere Aspekte

Externe, also äußerlich einwirkende Faktoren, die einen Einfluss auf die Entwicklung eines Burnouts haben können, setzen sich vor allem aus dem *Arbeitsalltag, der gesamten Lebenssituation und gesellschaftlichen Aspekten zusammen.* Im Beruf oder in der ausgeübten Tätigkeit sind Faktoren wie die Qualität der Arbeit und die Arbeitsmenge mögliche Auslöser für Stress.
Beispiele für Faktoren, die den Druck auf den Einzelnen erhöhen, sind:

– Überlastung
– Permanente Verfügbarkeit
– Zu wenig Kontrolle
– Zu wenig Selbständigkeit
– Fehlende Anerkennung/ Wertschätzung
– Ungerechtigkeit
– Zu wenig Belohnungen
– Bürokratische Hürden
– Dilemma zwischen eigenen Werten und beruflichen Vorgaben
– Unklare Rollenvorstellung, beruflich und/ oder privat
– Fehlender Rückhalt im Privatbereich
– Differenzen mit Vorgesetzten und/ oder Kollegen, Mobbing

Persönliche Umstände

Was die *eigene Lebenssituation* anbelangt, spielen Aspekte wie die Eingebundenheit in ein soziales Netzwerk mit der damit verbundenen (oder fehlenden)Unterstützung eine Rolle, oder Probleme durch Streitigkeiten innerhalb der Familie, Beziehung oder im Freundeskreis. Familiäre Stresssituationen oder die Erkrankung/ Pflege eines Angehörigen, können große Herausforderungen darstellen und auf Dauer krank machen. Auch die Mehrfachbelastungen durch Beruf, Haushalt und Kinder, können die Gesundheit enorm strapazieren.

Lebensstil

Die eigene Lebensführung und die Erholungsmöglichkeiten, die man für sich beansprucht oder nicht, haben einen starken Einfluss auf unseren Kräftehaushalt. Besonders wenn die Lebenssituation einem viel abverlangt, ist es maßgeblich wichtig, den Gegenpol zu setzen und die Kraftquellen immer wieder neu aufzufüllen. Zeiten der Anspannung müssen durch Zeiten der Entspannung ausgeglichen werden.
Auch finanzielle Probleme können schwerwiegende gesundheitliche Folgen haben.
Wichtig ist auch die Sinnfrage. Was mache ich und wofür? Was ist der Sinn meines Lebens? Wenn jemand keinen Sinn in seinem Tun sieht, wird es zunehmend schwer, die nötige Motivation und Energie für seine Pflichterfüllung aufzubringen.

Beide Bereiche, der externe und interne, werden auch noch durch die Gesellschaft und soziale Komponenten, Rollenklischees sowie Vergleiche, die man für wichtig hält, geprägt. Gesellschaft und Medien können leicht das Bild vermitteln, dass es "normal" ist, Beruf, Familie und Hobbies mit Links zu managen, dabei noch gut auszusehen, stets gut gelaunt zu sein, sportlich aktiv, beliebt und finanziell abgesichert. Sich an so unrealistischen Vorlagen zu orientieren, kann fatale Folgen für die Gesundheit haben.

Es gibt also nicht DIE eine Ursache, welche ins Burnout führt. Vielmehr handelt es sich immer um ein Zusammenspiel mehrerer Faktoren und meistens spielt auch noch eine Überlagerung der Faktoren eine Rolle. Niemals findet man die Ursache eines Burnout-Syndroms nur im Betroffenen selbst, in seiner Persönlichkeitsstruktur. Auch nicht die Umstände am Arbeitsplatz können alleinverantwortlich gemacht werden, oder die sonstige Organisation des Lebens des Betroffenen, da es Wechselwirkungen zwischen den einzelnen Komponenten gibt, oder diese gar nicht kompatibel sind. Wer beispielsweise die meiste Zeit beruflich unterwegs ist, kann am Familienleben nicht ausreichend teilnehmen und wer sich nur für die Familie aufopfert, dem fehlt womöglich die Anerkennung im Beruf.
Auch die Gesellschaft kann nicht allein für die Entstehung eines Burnouts verantwortlich gemacht werden, da wir alle ein Teil der Gesellschaft sind, in ihr Handlungsfreiräume haben und vieles selbst entscheiden können.

Krankheitsverlauf und Prognose

Der Krankheitsverlauf von Burnout-Betroffenen, ist individuell sehr verschieden. Es gibt kein Alleinstellungsmerkmal, anhand dessen man eine beginnende Burnout-Problematik erkennen kann. Das Burnout-Syndrom betrifft sowohl den Körper als auch die Seele, beide Bereiche müssen genau beobachtet werden. Meistens schleicht sich das Burnout-Syndrom über einen Zeitraum von Monaten oder Jahren hinweg ins Leben der Betroffenen ein. Je früher die Diagnose gestellt wir und die entsprechenden Therapiemaßnahmen eingeleitet werden können, umso besser sind die Heilungsaussichten.

Professionelle Anlaufstellen bei Verdacht auf Burnout

Hat man den Verdacht, dass man selbst, oder ein Angehöriger/ Freund am Burnout-Syndrom erkrankt sein könnte, so ist der Hausarzt meistens die erste Anlaufstelle. Er wird eine umfassende Diagnostik einleiten, um einerseits körperliche Ursachen für die Beschwerden auszuschliessen, andererseits um die Diagnose "Burnout" zu sichern. Möglicherweise überweist der Hausarzt Sie an einen Psychiater, oder Psychologen, welche mit der Burnout-Problematik noch vertrauter sind. In sehr schwerwiegenden Fällen kann ein stationärer Klinikaufenthalt sinnvoll sein, darüber entscheidet der behandelnde Arzt.

Der Verlauf des Burnout-Syndroms

 Fachleute haben sogenannte Phasenmodelle entwickelt, die aufzeigen, dass das Burnout-Syndrom meistens in mehrere, aufeinanderfolgende Stadien unterteilt werden kann. Das folgende Modell zeigt sieben typische Phasen:

1.Arbeitssteigerung

In allen Fällen von untersuchten Burnout-Patienten zeigte sich, dass das "Ausbrennen" mit *erhöhtem Energieeinsatz* begann. Dies kann aufgrund von Idealismus geschehen sein: "Wenn ich alles gebe, werde ich befördert!", oder beispielsweise aus Angst um den Arbeitsplatz. Warnsignale für den Beginn eines Burnouts können in diesem Stadium sowohl körperliche Symptome wie Tinnitus, Kopfschmerzen, Magen-Darmprobleme und so weiter sein, oder die Tatsache, dass der Betroffene nach Arbeitsende nicht mehr zur Ruhe kommt. Die Gedanken drehen sich weiterhin um den vergangenen Tag, die Arbeit, Schule, Studium oder was sonst noch belastet.

2.Reduziertes Engagement

Ganz typisch für Burnout-Betroffene sind Gefühle der Enttäuschung und Frustration, wenn sie erkennen, dass alle Mühen nicht zum gewünschten Erfolg geführt haben oder gesteckte Ziele nicht erreicht wurden. Diese Desillusion hat wiederum verminderten Einsatz und emotionale Abstumpfung zur Folge. "Ich habe so viel investiert und bekomme keine Anerkennung, ich wurde nur ausgenommen..." Nun folgt die "innerliche Kündigung" und gleichzeitige Distanzierung von Vorgesetzten, Kollegen und Mitmenschen. Man leistet nur noch das Nötigste, Fehlzeiten häufigen sich, emotionale Kälte und Zynismus können auftreten, auch Angehörigen gegenüber.

3.Emotionale (Über-)Reaktion

Nun fangen die Betroffenen an nach Gründen für ihr Leiden zu suchen, entweder in sich selbst, oder in anderen Menschen.
Diejenigen, die die Ursachen ihrer Probleme hauptsächlich in sich selbst sehen, können in eine depressive Verstimmung geraten. Sie fühlen sich als Versager, der Situation hilflos ausgeliefert. Das Selbstwertgefühl sinkt rapide und erste Anzeichen einer Depression treten auf: Innere Leere, Pessimismus, Nervosität, Ängste, Hilflosigkeit und Schwermut bis hin zu Selbstmordgedanken.

Andere Burnout-Betroffene suchen die Ursache für ihre Situation bei Kollegen, dem Chef oder allgemein „dem System". Ihre Reaktionen fallen teils sehr aggressiv aus, sie verhalten sich launisch und ungeduldig. Dadurch ergeben sich vermehrt Konflikte mit dem Umfeld, Intoleranz und Reizbarkeit lösen weitere Probleme aus.
Ihre Wut richtet sich möglicherweise gegen das gesamte Umfeld aus Vorgesetzten und Kollegen, Angehörigen und Freunden.

4.Leistungseinbuße, körperlicher Abbau

Die starke Erschöpfung und anhaltende Anspannung bleiben körperlich und seelisch nicht ohne Folgen. Es unterlaufen vermehrt Flüchtigkeitsfehler, Termine werden nicht eingehalten oder gar vergessen. Die Kreativität lässt nach, umfangreichere Aufgaben können nicht mehr erledigt werden, Entscheidungen zu treffen fällt zunehmend schwerer, Motivation, Produktivität und Engagement nehmen ab.

Die Art zu denken verändert sich. Statt differenziert, denken Burnout-Betroffene häufig nur in Entweder-oder-Kategorien. Sie wehren sich gegen jede Form der Veränderung, da jede zusätzliche Aktion neben dem Alltäglichen Kraft kostet, die sie nicht aufbringen können.

5.Gleichschaltung, Desinteresse

Der reduzierten Leistungsfähigkeit folgt der emotionale Rückzug. Betroffene stumpfen emotional immer mehr ab, Gleichgültigkeit und Langeweile machen sich breit. Dinge, die früher Freude und Spass gemacht haben, werden vernachlässigt, der Rückzug von Freunden und Familie wird immer stärker. Die Einsamkeit nimmt zu. Für Partner stellt das eine schwierige Herausforderung dar. Sie müssen lernen, das Verhalten nicht persönlich zu nehmen und sich weiterhin verständnisvoll zu zeigen.

6.Psychosomatische Reaktionen

Wer am Burnout-Syndrom erkrankt ist, empfindet meistens auch psychosomatische Beschwerden, wie Verspannungen, Rückenschmerzen, Kopfschmerzen, Herzrasen, Engegefühl im Brustbereich, Übelkeit, Verdauungsbeschwerden,

sexuelles Desinteresse, Tinnitus, Hörsturz oder
Schlafstörungen.

7.Verzweiflung, Depression

Das letzte Burnout-Stadium gipfelt in einem Gefühl starker
Hoffnungslosigkeit und Verzweiflung. Die Betroffenen
fühlen sich einsam und alleingelassen, alles kommt ihnen
sinnlos vor, Suizidgedanken schleichen sich häufiger ein
und werden in sehr schweren Fällen auch in die Tat
umgesetzt.

Es ist sehr wichtig zu wissen, dass man in *jeder Phase des
Burnout-Syndroms die Notbremse ziehen kann*! Je früher man aus
dem Teufelskreis aussteigt, desto besser und einfacher ist es
und schwerwiegende Spätfolgen können dadurch
vermieden werden. Mit einem guten Stressmanagement,
einem verbesserten Umgang mit sich selbst und möglichen
Belastungen kann (auch schon präventiv) viel erreicht
werden.
Die Regel besagt allerdings leider, dass Betroffene nur
selten über ihre Probleme sprechen und sich erst viel zu
spät eingestehen, dass sie es alleine nicht schaffen und Hilfe
benötigen. Doch es gilt: je früher behandelt wird, desto
besser sind die Heilungschancen.

Erste-Hilfe-Plan bei Burnout

Wenn man den Verdacht hat in eine Burnout-Konstellation hineingeraten zu sein, sollte man einige Dinge sofort verändern.

Negative Lebensumstände sollten sofort umgestellt werden

- Kein überhöhtes Engagement mehr
- Isolation vermeiden
- Mit leichtem sportlichem Training beginnen, anfangs Spaziergänge, später Laufen beispielsweise

Konsequente Trennung von Arbeit und Privatleben

- Zeitweise das Telefon abstellen
- Internet meiden

Für ausreichenden und gesunden Schlaf sorgen

- Sie sollten mindestens 7 – 8 Stunden pro Nacht schlafen
- Die Schlafqualität verbessern (Matratze wechseln?)
- Übergangsrituale wie Lesen erleichtern das Einschlafen

Gebrauch von „NEIN"

- Lernen Sie vermehrt "nein" zu sagen
- Geben Sie Aufgaben ab
- Sorgen Sie für Kreativpausen

Gesunde Ernährung

- Essen Sie nicht zu viel, zu fett und nicht zu süß
- Trinken Sie täglich 2-3 Liter Wasser oder ungesüßten Tee
- Nehmen Sie täglich Gemüse, Obst und Vollkornprodukte zu sich
- Achten Sie auf die Essumgebung
- Nützen Sie die Zeit des Essens zur psychischen Erholung

Drastische Reduzierung von Genussmitteln

- Verringerung der Kaffeemenge
- Nikotinkonsum stark reduzieren
- Vermeidung von Alkohol

Anwendung natürlicher Heilmittel

- Johanniskrauttee wirkt stimmungshebend
- Lavendelblütentee wirkt beruhigend und entspannend
- Ätherische Öle verbessern die Stimmung:

- Lavendelöl (beruhigend)

- Zitrusöle (antidepressiv, beruhigend, stimmungsaufhellend)

- Rosenöl, kraftspendend, beruhigend

- Rosmarinöl (stimmungshebend)

- Sandelholzöl (antidepressiv, erdend)

Entspannungstechniken anwenden

- Chi-Gong
- Yoga
- Thai Chi
- Meditation
- Autogenes Training

Burnout-Therapie

Der Kampf gegen Burnout gelingt am besten durch den Erhalt beziehungsweise Aufbau körperlicher, geistiger und seelischer Ressourcen. Die Balance zwischen Anspannung und Entspannung muss ausgewogen sein. Das kann durch regelmäßige Pausen erreicht werden, durch Sport, Musik, den Blick einfach mal zwischendurch ins Grüne schweifen lassen, immer wieder entspannende und schöne Momente in den Alltag einbauen und diese bewusst wahrnehmen, achtsam mit sich selbst umgehen. Diese neuen Verhaltensmuster können mit Hilfe eines Therapeuten oder Coaches erlernt und begleitet werden. In manchen Fällen ist eine Psychotherapie sinnvoll in der auch Themen wie Stress- und Konfliktmanagement, wie man eine gesunde Work-Life-Balance erreicht und hält und so weiter behandelt werden. Sport und – wenn depressive Symptome überwiegen - teilweise auch die Verschreibung von

Antidepressiva können helfen, um der Burnout-Abwärtsspirale zu entkommen.

In vielen Fällen genügt eine ambulante Behandlung. Wer jedoch schon im fortgeschrittenen Stadium einer Burnout-Erkrankung steckt, muss meistens für die Dauer von mindestens sechs Wochen stationär in eine Klinik. Dem Krankenhausaufenthalt schließt sich immer eine längere, ambulante Behandlungsphase an. Ein Burnout entwickelt sich schleichend über einen längeren Zeitraum und kann deshalb nicht von heuteauf morgen wieder verschwinden.

Burnout und Homöopathie

Die Homöopathie mit ihrem ganzheitlichen Ansatz ist eine gängige Methode, um die Erschöpfungsdepression - wie das Burnout auch genannt wird -, mit seinen zahlreichen und oftmals auf den ersten Blick nicht zusammenpassenden Symptomen zu behandeln. Eine ausführliche Erstanamnese bei einem erfahrenen Homöopathen ermöglicht eine umfangreiche Konstitutionsbehandlung, maßgeschneidert auf das individuelle Krankheitsbild und die Lebensumstände des Erkrankten.

Burnout, Vitamine und Mikronährstoffe

Bestimmte Vitamine und Mikronährstoffe verbessern die Nervenfunktion und helfen somit, die angegriffene Psyche zu stabilisieren.
Alle psychischen Vorgänge im Gehirn werden durch biochemische Prozesse gesteuert. Wenn durch die Nahrung nicht ausreichend Mineralstoffe und Vitamine zugeführt werden, geraten sie aus der Bahn und entgleisen. Bei

anhaltendem Stress und seelischen Belastungen steigt der Bedarf an Nährstoffen. Es ist wichtig, die Zufuhr von Mikronährstoffen diesem erhöhten Bedarf anzupassen und einen Nähstoffmangel zu vermeiden. Mikronährstoffe können die klassische Behandlung des Burn-out-Syndroms hervorragend ergänzen:

Die B-Vitamine

Der Komplex der B-Vitamine unterstützt den Nerven- und Energiestoffwechsel im Körper.
Wie wirken die B-Vitamine?
Es gibt wissenschaftliche Hinweise, dass die zusätzliche Gabe von Mikronährstoffen sich positiv auf Stresswahrnehmung, milde psychiatrische Beschwerden und die allgemeine Stimmungslage auswirken kann.
Besonders Nahrungsergänzungsmittel, die B-Vitamine enthalten, wie Folsäure, Vitamine B1, B6 und B12, oder Niacin.
Die B-Vitamine unterstützen den Nerven- und Energiestoffwechsel und damit die Leistungsfähigkeit des Menschen, physisch und psychisch.
Zum anderen senken sie den Homocysteinspiegel. Zu hohe Homocysteinspiegel können die Bildung wichtiger Botenstoffe behindern und so depressive Stimmungslagen forcieren. Die B-Vitamine B6, B12 und Folsäure relativieren die schädliche Wirkungsweise von Homocystein.

Magnesium

Magnesium kann Stresshormone unterdrücken.Wissenschaftliche Studien haben ergeben, dass Magnesium leichte bis mittlere Depressionen und Angststörungen abmildern kann. Magnesium unterdrückt die Stresshormone Adrenalin und Noradrenalin und verringert so die Entstehung von Stress. Magnesium ist ausserdem an einer Vielzahl biochemischer Vorgänge beteiligt, die sich auf die Stimmung auswirken und wirkt entspannend auf die Muskulatur.

Antioxidantien

Antioxidantien wie Vitamin C bewahren das Nervensystem vor Schäden durch freie Radikale. Sie wirken entzündungshemmend und helfen, den Körper auch bei anhaltendem Stress mit ausreichend Energie zu versorgen.

Omega-3-Fettsäuren

Omega-3-Fettsäuren und Phosphatidylserin beeinflussen die Freisetzung wichtiger Botenstoffe im Gehirn und sind am Schutz und Erhalt von Nervenzellen beteiligt.

Aminosäuren

Die Aminosäuren schützen unser Nervensystem und wirken beruhigend und entspannend.

Rosenwurz

Rosenwurz kann die Freisetzung des Stresshormons Cortisol unterdrücken und Menschen somit helfen, gelassener mit Stresssituationen umzugehen.

Vitamin D

Vitamin D hat Einfluss auf wichtige Botenstoffe des Nervensystems, die zur Entstehung von Depressionen beitragen können. Besonders im Winter ist eine zusätzliche Zufuhr von Vitamin D sehr wichtig, da dem Körper das wichtige Sonnenlicht zur Bildung von Vitamin D fehlt bzw. nicht ausreichend gebildet werden kann.

Burnout - Depression. Was ist der Unterschied?

Beide Störungen haben ähnliche Symptome, welche aber nicht vergleichbar sind. Sie sind nicht identisch, aber sie überschneiden sich meistens. So zeigen sich im Verlauf einer Burnout-Erkrankung häufig auch Symptome einer

Depression und/ oder Angststörung. Ein nicht behandeltes Burnout kann in eine Depression übergehen.

Im umgekehrten Fall kann jemand mit wiederholten depressiven Phasen aber auch irgendwann "ausbrennen". Depressionen können wiederholt im Laufe des Lebens auftreten, dann spricht man von rezidivierender oder wiederkehrender Depression. Wechseln sich euphorische Phasen mit schwermütigen ab, so handelt es sich um eine manisch- depressive Erkrankung.
Burnout hingegen entwickelt sich schleichend und in verschiedenen Phasen, meist über Monate oder Jahre hinweg.
Die Depression entwickelt sich, ähnlich wie ein Burnout, aus einer Kombination innerer und äußerer Faktoren. Das Krankheitsbild ist sehr ähnlich, die Depression muss aber nicht immer konkret erkennbare Ursachen haben und kann auch relativ kurzfristig auftreten im Gegensatz zum Burnout.

Im Fall beider Erkrankungen ist es aber entscheidend für den Krankheitsverlauf und die Heilungschancen, sich so früh wie möglich in die Hände von Fachleuten zu begeben und mit der Behandlung des Burnout-Syndroms zu beginnen. Je früher man den Teufelskreis unterbricht, desto einfacher und besser sind Veränderungen möglich und eine Verbesserung des Gesundheitszustandes kann leichter erreicht werden.

Krankschreibung aufgrund von Burnout

Wenn Sie aufgrund einer Burnout-Erkrankung krankgeschrieben sind, sind Sie grundsätzlich nicht verpflichtet, Ihrem Arbeitgeber die Diagnose mitzuteilen. Über das Krankengeld und die Entgeltfortzahlung sind Sie zunächst finanziell abgesichert. Inzwischen hat der

Gesetzgeber nicht nur physische, sondern auch psychische Erkrankungen im Arbeitsschutzgesetz verankert.

Statt sich um Ihren Arbeitsplatz zu sorgen, sollten Sie besser an Ihre Gesundheit denken, sie ist Ihr kostbarstes Gut. Und denken Sie daran, Burnout kann jeden treffen, auch Ihren Arbeitgeber. Burnout ist kein Zeichen von Schwäche oder "Verrücktsein", sondern ein Ausdruck der Erschöpfung.

Burnout-Prävention in Unternehmen

Ein schlechtes Betriebsklima und erhöhter der Leistungsdruck sind Risikofaktoren für den Ausfall von Mitarbeitern aufgrund psychischer Erkrankungen, wie beispielsweise dem Burnout-Syndrom. Verantwortungsbewusste Führungskräfte sollten darauf achten, dass die Mitarbeiter die gesetzlich vorgeschriebenen Pausen einhalten, statt sie zum Durcharbeiten und Leisten von Überstunden anzutreiben. Mehrfachschichten, ständige Erreichbarkeit - sogar im Privatleben -, unzureichende Personalbesetzung mit daraus resultierenden Dauerbelastungen sind Gift für die Psyche Ihrer Mitarbeiter. Ein guter Draht zu den Arbeitnehmern und Kollegen, ein offenes Ohr für ihre Anliegen und das Augenmerk auf der Einhaltung einer gesunden Arbeitshaltung, tragen zu einem guten Vertrauensverhältnis bei. Dies kommt letztendlich dem ganzen Betrieb zugute. Führungskräfte müssen lernen, nicht nur Ihre vorgegebenen Jahresziele zu erreichen, sondern auch die Arbeitskraft der Mitarbeiter dauerhaft zu erhalten so gut es geht. Unterstützend bieten sich Fortbildungen im Bereich des betrieblichen Gesundheitsmanagements an. Es ist wichtig, sich damit auseinanderzusetzen, bevor die Zahl der Krankmeldungen steigt. Im Rahmen der Gefährdungsbeurteilung "Psychische Belastungen" (GB Psych) durch Arbeitspsychologen, lassen sich erste Symptome psychischer Stressbelastungen erkennen und bearbeiten.

Ein motivierender Führungsstil kann dazu beitragen, die Leistungsfähigkeit des Teams im Unternehmen auf Dauer zu erhalten und damit Personalwechsel und Krankenstände zu reduzieren.

Wie können Führungskräfte ein Burnout bei Mitarbeitern verhindern?

In deutschen Unternehmen ist die Zahl der Fehltage seit 2004 um knapp 1.400 % gestiegen, Tendenz weiter steigend. Dabei gibt es diverse Möglichkeiten seitens der Führungspersonen, prophylaktisch Arbeitsausfälle zu verhindern. Zunächst muss herausgefunden werden, was die grössten psychischen Stressoren innerhalb des Betriebes sind. Welche Arbeiten oder Arbeitsabläufe verursachen Druck bei den Mitarbeitern? Wo besteht Handlungsbedarf? Was kann verbessert werden, um die Gesundheit und Leistungsfähigkeit der Mitarbeiter und leistungsfähig zu erhalten? Für diese Analyse bietet es sich an, die Gefährdungsbeurteilung „Psychische Belastungen" (GB Psych) durchzuführen, welche der Gesetzgeber empfiehlt.

1. Vorbild und Motivation

Eine Führungskraft sollte Vorbild sein und einen

motivierenden Führungsstil praktizieren. Ein positives Verhalten vorzuleben und auf das Wohlergehen der Mitarbeiter zu achten, ist besonders wichtig. Mit den folgenden Maßnahmen können Sie viel für die psychische Gesundheit Ihrer Mitarbeiter erreichen.

2. Burnout- Erkrankungen nicht tabuisieren

Psychische Erkrankungen sind noch häufig ein Tabu-Thema, etwas, über das man nicht gerne spricht, aus Scham oder Angst vor Ausgrenzung. Eine führende Kraft sollte die psychischen Gesundheit, entweder im Team oder einzeln, immer wieder thematisieren und mit Mitarbeitern offen darüber kommunizieren, so dass es "normal" wird, sich darüber auszutauschen.

3. Die Mitarbeiter wertschätzen

Viele Führungskräfte praktizieren einen Führungsstil in klar definierten Hierarchien. Dadurch geht jedoch der Blick auf das Befinden des Einzelnen verloren, was kritisch zu sehen ist. Die anhaltend hohe Arbeitsleistung eines Mitarbeiters darf nicht als selbstverständlich hingenommen werden. Die Anerkennung guter Leistungen ist wichtig. Oftmals bedeutet einem Mitarbeiter ein ehrliches "danke" oder anerkennendes "gut gemacht!" mehr als eine Gehaltserhöhung.

4. Flexible Arbeitszeiten

Flexible Arbeitszeiten können sich förderlich für Zufriedenheit, Produktivität, und Leistungsvermögen der Mitarbeiter auswirken. Zugleich können sie die persönliche Handlungsflexibilität erhöhen und somit den Stresspegel zu senken. Mit flexiblen Arbeitszeiten oder Home-Office-Arbeitsplätzen gelingt es vielen Arbeitnehmern besser, Beruf und Familie zu vereinen. Dies wiederum senkt den Stresspegel der Mitarbeiter und wirkt sich positiv auf deren Zufriedenheit und somit auf das ganze Betriebsklima aus.

5. Realistische Ziele setzen

Klar definierte und gut erreichbare Ziele motivieren die Mitarbeiter. Die Vorstellungen und Vorgaben von Führungskräften so gestaltet sein, dass nicht ständig "Wunder" seitens der Arbeitnehmer vollbracht werden müssen, um die Vorgaben zu erfüllen.

6. Im Gespräche bleiben

Es ist ratsam, in regelmässigen Abständen Mitarbeitergespräche zu führen. Hierbei bietet sich die Möglichkeit des Austausches über die Arbeitsbelastung und Anforderungen an den einzelnen Mitarbeiter. Beides, Über- als auch Unterforderung können dem Arbeitnehmer auf Dauer gesundheitlich schaden. Wenn Sie als Vorgesetzter Interesse am Mitarbeiter zeigen, ein offenes Ohr für seine Anliegen haben und Unterstützung anbieten, nimmt das bereits Druck und senkt den Stresslevel beim Arbeitnehmer.

7. Fördern Sie die Gesundheit am Arbeitsplatz

Hilfe zur Selbsthilfe. Durch bestimmte Seminar-Angebote, Fitness-Kurse und Stressbewältigungsprogramme können Sie Ihre Mitarbeiter auf den richtigen Weg bringen. Es ist Aufgabe des Führungspersonals dafür zu sorgen, dass die Mitarbeiter auch beispielsweise an betrieblichen Gesundheitsangeboten teilnehmen können. Kommunizieren Sie diese regelmäßig kommunizieren und gehen Sie mit gutem Beispiel voran.

8. Mitarbeiter nach Eignung einsetzen

Es gibt kaum etwas frustrierenderes, als tagtäglich einer Arbeit nachzugehen, für die man ungeeignet ist. Der Tag zieht sich scheinbar unendlich in die Länge, die Motivation geht gegen Null. Im anderen Extrem, wenn die Anforderungen viel zu hoch sind, ist der Mitarbeiter überfordert und kann den Erwartungen des Arbeitgebers nicht gerecht werden, was zu einem sehr hohen Stresspegel führt. Finden Sie die Stärken und Schwächen der einzelnen Arbeitnehmer heraus und lassen Sie sich in regelmässigen Abständen Feedback über den Anforderungsstand und den aktuellen Belastungsgrad Ihres Teams geben.

9. Arbeitsbedingungen prüfen

Wenn einzelne Mitarbeiter zu stark belastet sind, kann das an fehlerhaften betrieblichen Strukturen liegen. Oftmals gibt es in Unternehmen personelle Engpässe die durch die vorhandenen Mitarbeiter kompensiert werden müssen. Auch ein Zuviel an Bürokratie erhöht die Wahrscheinlichkeit einer Burnout-Erkrankung. In diesem Fall kann eine Untersuchung von Betriebsstrukturen und Arbeitsprozessen helfen, Arbeitsschritte zu vereinfachen oder abzubauen und somit wertvolle Zeit zu gewinnen.

10. Besseres Betriebsklima

Was man tun kann, um das Betriebsklima zu verbessern, ist abhängig von der Größe des Unternehmens, dem Arbeitsplatz selbst und von der Motivation der Mitarbeiter. Ein teambildender Betriebsausflug, ein gemeinsames Mittagessen einmal pro Woche oder gemeinsame Freizeitaktivitäten (auf freiwilliger Basis), können den betrieblichen Zusammenhalt stärken.

46

11. Konflikte erkennen und lösen

Häufig kommt es am Arbeitsplatz zu Konflikten. Oftmals werden sie aber im Geheimen ausgetragen und nicht offiziell angesprochen. Es liegt in Ihrer Verantwortung als Führungskraft solche Konflikte sowohl zu identifizieren, als auch zu thematisieren. Das Wegschauen in Krisen und Konflikten, führt fast immer zu einer Verschlechterung des gesamten Betriebsklimas. Wenn Sie diese Konflikte nicht selbst lösen können, kann es hilfreich sein, sich professionelle Unterstützung beispielsweise durch einen Mediator oder einen Supervisor zu holen.

Was braucht ein Burnout-erkrankter Mitarbeiter nach der Rückkehr?

Nachdem ein "Burnout" diagnostiziert wurde, wird der Mitarbeiter für unbefristete Zeit krankgeschrieben. Es ist ganz wichtig, dass vor dem Wiedereinstieg ein Gespräch zwischen dem Rückkehrer und einer Führungskraft stattfindet, die unbedingt eine vertrauenerweckende Grundhaltung haben muss.
Der Mitarbeiter, der ja mitunter wegen belastenden Umständen im Unternehmen erkrankt ist, darf nicht wieder in seine ursprüngliche Arbeitssituation zurückgedrängt werden. Ein sanfter Wiedereinstieg beispielsweise mit reduziertem Pensum, kann nach Rücksprache mit dem Arbeitnehmer durchaus Sinn machen.
Manchmal müssen die Aufgaben neu definiert werden oder die Arbeitszeit dauerhaft reduziert. Unter Umständen

macht es Sinn, gewisse Aufgaben aus dem Verantwortungsbereich des Betroffenen zu nehmen.

Dies sollte jedoch nicht "von oben" entschieden werden, sondern im Gespräch mit dem ehemals erkrankten Mitarbeiter. Rückhalt und Verständnis, auch für schwierige private Umstände, stärken das Zusammengehörigkeitsgefühl im Unternehmen und können weiteren krankheitsbedingten Ausfällen vorbeugen. Andernfalls riskiert man Rückfälle, die gemäss Untersuchungen durch Krankenkassen einen erheblich längeren Ausfall nach sich ziehen, als beim ersten Mal.

Nach dem Burnout - vermeidbare Fehler

Der erste Fehler: Sie verbrauchen mehr Energie als Sie gewinnen.

Es ist wichtig, ab sofort Ihre Energievampire zu identifizieren und abzustellen. Achten Sie darauf, was Sie am Tag Energie kostet, was Sie auslaugt und sorgen Sie dafür, es schnellstmöglich oder wenigstens Schritt für Schritt abzustellen. Das können Energievampire in Form einer gestörten Work-Life-Balance oder sonstigem Ungleichgewicht in bestimmten Lebensbereichen sein. Es können aber auch verinnerlichte Taktgeber, Glaubenssätze oder Ängste sein. Es ist äußerst wichtig, sich ab sofort damit auseinanderzusetzen und Veränderungen herbeizuführen.

Der zweite Fehler: Sie ziehen den Vergleich von jetzt zu früher, zu der Situation vor dem Burnout.

Dabei lassen Sie aber außer Acht, dass genau dieses Verhalten, dieser anhaltende Stress Sie in das Burnout

geführt hat. Ein Leben auf der Überholspur kann nicht gelingen, das führt gezwungenermaßen in ein Burnout und genau dorthin wollen Sie nicht wieder zurück.
Sie wollen kein Leben ohne Ausgleich, mit zu wenig Zeit für Familie und für sich selbst führen. Also überlegen Sie, wie Sie Ihr Lebens anders und besser gestalten können!

Der dritte Fehler: Das Ungleichgewicht bleibt unverändert

Ein Leben, das sich nicht im Gleichgewicht befindet, kostet sehr viel Energie und sorgt dafür, dass es zur Erschöpfung kommt. Ursächlich kann der Umgang mit dem Ungleichgewicht sein, das Ungleichgewicht selbst oder beides.
Sie halten das Ungleichgewicht beispielsweise krampfhaft aufrecht, wenn Sie wichtige bereits überfällige Entscheidungen nicht treffen.
Schauen Sie sich Ihre vier wichtigsten Lebensbereiche genau an. Das sind: Gesundheit, Partner/Familie, Arbeit und Sie selbst. Legen Sie den Fokus auf das Gleichgewicht in all diesen Bereichen.

Der vierte Fehler: Sie versuchen das Problem auf dieselbe Art zu lösen, wie es entstanden ist.

Wenn Sie immer auf dieselbe Art weitermachen, können Sie auch nur das erreichen, was Sie bisher erreicht haben. Es gilt also herauszufinden, wo Sie sich selbst einschränken, weil Sie vielleicht Ihre Komfortzone nicht verlassen wollen. Das ähnelt einem Gefängnis, in dem Sie sich nur innerhalb der vier Wände Ihrer Zelle bewegen. Wollen Sie Ihr Gefängnis verlassen, Ihr Potential leben und frei sein? Dann setzen Sie sich ab sofort das Ziel, das Sie aus vollem Herzen erreichen möchten und verfolgen Sie es konsequent und mit Durchhaltevermögen.

Stellen Sie sich selbst die Frage: "Worauf möchten Sie zurückblicken, wenn Sie eine Rede anlässlich Ihres 75. Geburtstags halten?". Was möchten Sie erlebt haben? Was sollen die Menschen, die Sie lieben über Sie sagen? Gewiss nicht, dass Sie sich für einen Job aufgeopfert haben, den Sie eigentlich nie machen wollten! Stellen Sie sich die richtigen Fragen und seien Sie ehrlich mit sich selbst.

Tipps für Angehörige Burnout-Erkrankter

Auch die Angehörigen von Burnout-Betroffenen leiden. Sie merken meistens vor dem Burnout-Opfer, dass etwas nicht stimmt. Doch wie soll man sich verhalten? Was raten, was besser sein lassen? Wie kann man helfen?

Sprechen Sie den Betroffenen an

Warten Sie nicht zu lange mit Hilfsangeboten wenn Ihnen auffällt, dass ein Angehöriger oder Freund unter Dauerstress steht und zunehmend erschöpft wirkt. Ein Burnout schleicht sich langsam und lange Zeit unbemerkt ins Leben der Betroffenen. Sie merken oft erst in einem sehr späten Stadium, dass sie Hilfe brauchen. Aber je früher Unterstützung angenommen wird, umso effizienter kann behandelt werden.

Was kann man falsch machen?

Es wäre falsch, die Situation der betroffenen Person herabzuspielen, denn so würde sie sich nicht verstanden fühlen und weitermachen wie bisher.
Genauso falsch wäre es aber auch, das Beobachtete zu

dramatisieren und dadurch unnötige Ängste zu schüren.
Sätze wie: " Nun reiß Dich doch mal zusammen ", oder: "
Du willst ja nur nicht ", sind kontraproduktiv. Der am
Burnout-Syndrom erkrankte Mensch kann nicht so handeln
wie ein gesunder Mensch, seine Kräfte sind am Ende.
Vorwürfe und Aufforderungen sollte man daher tunlichst
vermeiden. Zu viele Ratschläge schaden mehr als sie
nützen. Einmal mehr bewahrheitet sich der Spruch:
"Ratschläge sind auch Schläge".
Zeigen Sie besser Verständnis für die Situation der
erschöpften Person und hören Sie ihr zu.

Kann ich das Burnout einer nahestehenden Person verhindern?

Nein, verhindern lässt sich das Burnout einer anderen
Person leider nicht. Sie können nur dafür sorgen, nicht
selbst - durch Überforderung mit der Ausnahmesituation -
in eine Abwärtsspirale zu geraten. Grenzen Sie sich
ausreichend ab und füllen Sie die eigenen Kraftreserven
regelmässig wieder auf. Sie können nur Hilfe zur Selbsthilfe
geben und dafür sorgen, dass professionelle Unterstützung
angenommen wird.

*Geht man mit Burnout-Erkrankten anders um, als mit
Depressiven?*

Am Beginn einer Burnout-Erkrankung steht die
Überlastung im Vordergrund. An diesem Punkt kann ein
Angehöriger oder Freund sehr gut unterstützen, indem er
dem Betroffenen bei der Arbeits- und Freizeitgestaltung
hilfreich unter die Arme greift.
Ist die Erkrankung fortgeschritten, gleicht sie medizinisch
gesehen einer Erschöpfungsdepression. Diese Depression
muss zuerst behandelt werden, bevor der Patient mit
grundlegenden Verhaltensänderungen Arbeits- und

Freizeitverhalten konfrontiert wird. Wenn er dann auf ein lösungsorientiertes und offenes Umfeld zurückgreifen kann, umso besser!

Haben Angehörige eine Vorbildfunktion?

Zum einen müssen sich Angehörige von Burnout-Erkrankten selbst vor dem "Ausbrennen" schützen und ihre Ressourcen pflegen. Das gelingt am besten, indem sie "bei sich selbst bleiben", Dinge machen, die ihnen Freude bereiten und jene vermeidet, die ihnen nicht gut tun. Beispielsweise sollten sie nicht den sozialen Rückzug der Betroffenen mitmachen, sondern weiterhin unter Leute gehen und die eigenen Interessen nicht vernachlässigen. Dies hat schlussendlich auch auf den Patienten einen positiven Einfluss.

Suizidgefährdung

Nehmen Sie jede Äusserung des vom Burnout betroffenen Menschen hinsichtlich Selbstmord ernst und wenden Sie sich an einen Arzt!

Holen Sie sich Unterstützung

Wenn Sie sich selbst mit der Situation, dass ein Ihnen nahestehender Mensch ernsthaft erkrankt ist, überfordert fühlen, so scheuen Sie sich nicht, selbst Hilfe in Anspruch zu nehmen. Das kann eine Gesprächstherapie bei einem Psychologen sein, oder der Besuch einer Selbsthilfegruppe für Angehörige.

54

Spezialfall: Burnout bei Kindern und Jugendlichen

Erschreckenderweise verschiebt sich das Burnout-Syndrom immer mehr von den Erwachsenen zu den Kindern und Jugendlichen. Dies kann verschiedene Gründe haben. Als einer der wichtigsten, wird das veränderte Freizeitverhalten von Kindern und Jugendlichen gesehen. Während es früher normal war, dass Kinder sich nach der Schule zum Spielen und Herumtoben trafen, ist es heutzutage eher so, dass die Freizeit die Fortsetzung der Schule bedeutet: Musikunterricht, Ballett, Reiten, Fussball, dann noch Hausaufgaben machen, Nachhilfeunterricht nehmen...ein Termin jagt den nächsten, Zeit für das freie Spiel bleibt kaum.

Ein weiterer Grund ist die Tatsache, dass viele junge Menschen sehr leistungsorientiert sind und gar nicht merken, dass sie sich ständig selbst überfordern bis hin zur völligen Erschöpfung.
Da stellt sich die Frage nach der Verantwortung der Eltern. Statt dass sie der Überforderung den Riegel vorschieben und für mehr tatsächlich FREIE Zeit für ihre Kinder sorgen, sind sie oft die Triebfeder des Ganzen. Sie wollen das Beste aus ihrem Kind herausholen und das Beste für ihr Kind ermöglichen. Doch es ist eine schmale Gratwanderung zwischen Förderung und Überforderung und dafür müssen Eltern sensibilisiert werden.
Auch die Digitalisierung und damit verbundene ständige Erreichbarkeit haben einen Einfluss auf die Heranwachsenden. Wer nicht online ist, verpasst etwas - so denken viele. Auch hier sind die Eltern gefragt, Kinder den richtigen Umgang mit Technik und Medien zu lehren und

mit Vorbildfunktion voran zu gehen.
Was sollten Eltern tun, die eine zunehmende Erschöpfung
bei ihrem Kind beobachten?
Die Eltern müssen ihre Kinder gut beobachten und
Zeichen der Erschöpfung ernst nehmen, besonders, wenn
sie sich häufen oder verstärken. Dann ist es ratsam,
ärztlichen Rat zu suchen. Eine Erschöpfungsdepression
kann man nicht innerhalb der Familie auskurieren.

Prominente Burnout-Opfer

Dass das Burnout-Syndrom jeden treffen kann, zeigen auch
prominente Beispiele.

Den hochtalentierten Skispringer *Sven Hannawald* kostete
ein Burnout die Karriere, sein Zusammenbruch 2004 sei
laut Hannawald "vorprogrammiert" gewesen.
Heute ist er wieder eine öffentliche Person in anderen
Funktionen und scheint seine Erkrankung überwunden zu
haben.

Schlagersängerin Michelle erlitt 2004 einen so schweren
Zusammenbruch, dass sie sogar in ein künstliches Koma
versetzt werden musste. Zum beruflichen Stress kam
privater hinzu und brachte "das Fass zum überlaufen".
Heute ist Michelle gesundheitlich obenauf.

Auch den Fernsehkoch Tim Mälzer erwischte das Burnout-
Syndrom. Tagsüber habe er gedreht, abends in seinem
Restaurant gekocht. Dadurch wurde seine Freizeit immer
weniger, der körperliche Zusammenbruch folgte.
Rückblickend meint Mälzer: "Das konnte nicht lange
gutgehen."

Zum Schluss

Ein Burnout ist ein schwerwiegender Einschnitt im Leben des betroffenen Menschen. Es kann aber auch als Chance für einen "Neuanfang" gesehen werden, als "Alarmsignal" eines überlasteten Körpers und einer überlasteten Seele. Burnout ist auch Einstellungssache und beginnt im Kopf. Wie stehen wir zu unserer Arbeit, unserer Gesundheit, wie gestalten wir unser Leben, wie gehen wir mit uns selbst und unseren Liebsten um?

Daher sind für den Genesungsprozess Selbstreflektion und persönliches Engagement wichtige Begleiter. Eine Neuorientierung erfordert Zeit und Geduld. Herauszufinden was man ändern kann und möchte, Ziele neu definieren, den Arbeitsplatz anders gestalten oder wechseln, alte Freundschaften wieder aufleben lassen und vieles mehr, all das braucht Zeit.

Getreu dem Motto: "Vorbeugen ist besser als Nachsorgen.", helfen Sie sich am jedoch am allerbesten, wenn Sie erst gar nicht in die Burnout-Falle tappen. Also räumen Sie sich immer die wertvollen Freiräume für die Familie, für Ihre Gesundheit und schlicht für den Spaß am Leben ein, gehen Sie achtsam mit sich um, damit Sie (auch im Berufsleben) lange leistungsfähig, gesund und motiviert bleiben. Das sollten Sie sich wert sein. Bleiben oder werden Sie gesund!

Nachwort

Liebe Leserin, lieber Leser,

Sie sind am Ende des kleinen Ratgebers angekommen. Sie wissen nun alles Wissenswerte über Yoga und alles Notwendige, um die asanas durchführen zu können. Nehmen Sie sich Zeit und haben Sie Geduld. Im Laufe der Zeit kommen Sie mithilfe von Yoga zu der Ruhe und Entspannung, die Sie sich wünschen.

Allerdings sollten Sie sich hin und wieder eine Stunde bei einem ausgebildeten Yoga-Lehrer gönnen. Sie können mit seiner Hilfe tiefer in die Welt der Yoga-Übungen eintauchen und er hilft Ihnen, eventuelle Haltungsfehler zu korrigieren. Wenn Sie keine Lust auf Einzel-Stunden haben, buchen Sie die Teilnahme an einer Yoga-Gruppe. Sie befinden sich in der Gruppe unter Gleichgesinnten, können sich über Erfahrungen austauschen und wertvolle Tipps erhalten.

Schlusswort:

Ich hoffe, dass du alles aus diesem Buch wirklich verstanden hast und somit dein Wissen erweitern konntest. Ich kann dir auf diese Weise kurtheoretisches Wissen vermitteln. In der Praxis umsetzen musst du es letzten Endes selbst.

Wichtig ist, dass du dir wirklich auch die Zeit dafür nimmst und dir Gedanken über deinen Start machst. Starte nicht naiv und blauäugig. Mir ist es nur wichtig, dass du ins Handeln kommst und ich dich persönlich mit diesem Buch besser gemacht habe.

Beginne noch heute damit, dir Gedanken über deine Umsetzung zu machen und starte jetzt!
Es geht nicht alles von heute auf morgen. Manchmal dauert es sehr lange bis deine Ziele erreicht werden, aber glaube mir wirst du dran bleiben, wirst du diese erreichen..

Ich würde mich freuen, wenn du zu diesem Buch eine Rezension auf Amazon abgeben würdest. Dadurch hilfst du mir mein Ziel des Bestsellers bei Amazon zu erreichen. Das ist nicht nur so daher gesagt, sondern du kannst mir damit wirklich sehr helfen. Gehe dazu einfach auf die Produktseite dieses Buches bei Amazon und gib am Ende der Seite deine Meinung dazu ab. Ich lese alle Bewertungen selbst und würde mich freuen auch eine von dir zu lesen. Wenn du weiterhin Fragen hast, dann kontaktiere mich gerne über das Kontaktformular meiner Webseite.
Ich wünsche dir nun vom Herzen alles Gute und viel Erfolg

Dein Anthony

Bücher die dir auch gefallen könnten:

62

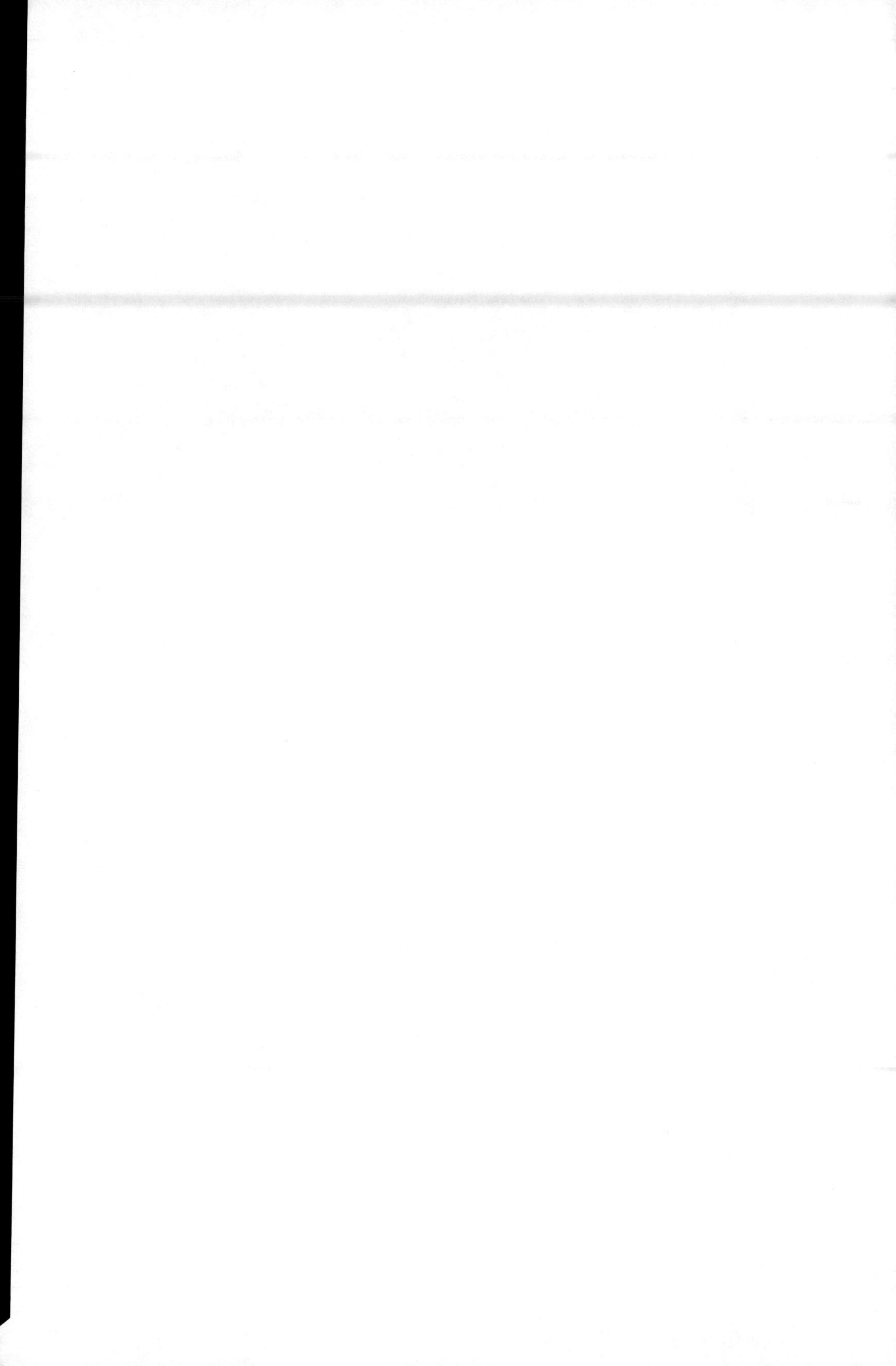